BEI GRIN MACHT SICH IHR WISSEN BEZAHLT

- Wir veröffentlichen Ihre Hausarbeit, Bachelor- und Masterarbeit

- Ihr eigenes eBook und Buch - weltweit in allen wichtigen Shops

- Verdienen Sie an jedem Verkauf

Jetzt bei www.GRIN.com hochladen und kostenlos publizieren

Bibliografische Information der Deutschen Nationalbibliothek:

Die Deutsche Bibliothek verzeichnet diese Publikation in der Deutschen National-
bibliografie; detaillierte bibliografische Daten sind im Internet über http://dnb.d-
nb.de/ abrufbar.

Impressum:

Copyright © 2017 GRIN Verlag
Druck und Bindung: Books on Demand GmbH, Norderstedt Germany
ISBN: 9783668815629

Dieses Buch bei GRIN:

https://www.grin.com/document/443968

Konstantin Suttner

Jugend gegen Vietnam. Ein Krieg vereint eine Generation?

Die globale Protestbewegung gegen den Vietnamkrieg am Beispiel der USA und der BRD

GRIN Verlag

GRIN - Your knowledge has value

Der GRIN Verlag publiziert seit 1998 wissenschaftliche Arbeiten von Studenten, Hochschullehrern und anderen Akademikern als eBook und gedrucktes Buch. Die Verlagswebsite www.grin.com ist die ideale Plattform zur Veröffentlichung von Hausarbeiten, Abschlussarbeiten, wissenschaftlichen Aufsätzen, Dissertationen und Fachbüchern.

Besuchen Sie uns im Internet:

http://www.grin.com/

http://www.facebook.com/grincom

http://www.twitter.com/grin_com

Inhaltsverzeichnis

1 Einleitung _____ 2

2 Jugend gegen Vietnam – Ein Krieg vereint eine Generation? _____ 4

   2.1 Der Vietnamkrieg _____ 4

      2.1.1 Kriegsverlauf _____ 4

      2.1.2 Bilanz _____ 5

   2.2 Die öffentliche Meinung zum Vietnamkrieg _____ 6

      2.2.1 Mediale Berichterstattung und Meinungsumfragen _____ 6

      2.2.2 Die Tet-Offensive und das Massaker von My Lai _____ 7

   2.3 Die Protestbewegung gegen den Vietnamkrieg in den USA _____ 8

      2.3.1 Erstarken der Bewegung_____ 8

      2.3.2 Argumente der Kriegsgegner _____ 10

      2.3.3 Ausdrucksformen des Protests_____ 12

   2.4 Die Protestbewegung gegen den Vietnamkrieg in der BRD _____ 13

      2.4.1 Erstarken der Bewegung_____ 13

      2.4.2 Argumente der Kriegsgegner _____ 14

      2.4.3 Ausdrucksformen des Protests_____ 16

3 Die Antikriegsbewegung - eine vieldimensionale Massenbewegung _____ 17

4 Quellen- und Literaturverzeichnis _____ 19

1 Einleitung

Ein jahrelanger Guerillakrieg auf der anderen Seite der Erde, begleitet von grausamen Kriegsverbrechen, zehntausenden traumatisierten amerikanischen GIs und Millionen toten Vietnamesen: Und das alles im Namen des Kampfes für die Demokratie und gegen die Ausbreitung des Kommunismus. Wie kaum ein anderes Ereignis prägte der Vietnamkrieg das politische Bewusstsein junger Menschen der späten 1960er und frühen 1970er Jahre.

Das Engagement der USA in Vietnam fiel in eine sozialgeschichtlich hochbrisante Zeit, in der Jugendliche auf vielfältige Weise gegen die bestehenden Verhältnisse aufbegehrten – Die Zeit der Studentenrevolten, der Rassenunruhen und der *Hippies*, die sich unter der Chiffre *1968* bis heute in unser Bewusstsein einprägte. Hierbei lässt sich unter verschiedenen Bewegungen besonders das Streitthema des Vietnamkriegs als gemeinsames, vereinendes Motiv des Protests beobachten: Besonders unter jungen Menschen war der Krieg höchst umstritten und schnell wuchs eine Antikriegsbewegung, die nicht nur in Amerika, sondern in vielen Teilen der westlichen Welt großen Zulauf fand.

Im Rahmen dieser Seminararbeit soll am Beispiel der Antikriegsbewegung in den USA und in der Bundesrepublik Deutschland der Frage nachgegangen werden, ob der Vietnamkrieg eine gesamte Generation von Jugendlichen vereinen konnte. Dabei dienen die folgenden zentralen Fragen als Leitfaden: Wie kam es dazu, dass schon nach so kurzer Zeit des Krieges Jugendliche in so großer Zahl auf die Straße gingen? Was waren die zentralen Argumente und Aufreger? Welcher Protestformen bedienten sich die Jugendlichen, um ihrer Empörung Ausdruck zu verleihen?

Die Arbeit beginnt mit einer kurzen Skizzierung des Kriegsverlaufs, um das Thema historisch zu kontextualisieren.
Im anschließenden Kapitel wird die öffentliche Meinung von Amerikanern und Deutschen zum Vietnamkrieg dargestellt. Anhand einer Untersuchung der Fernsehberichterstattung und von Meinungsumfragen wird der Wandel der Haltung von Bürgern zum Vietnamkrieg in beiden Ländern beleuchtet.
Die Anfänge und Entwicklungen der amerikanischen Antikriegsbewegung, sowie deren Argumente und Ausdrucksformen, machen den nächsten zentralen Teil dieser Arbeit aus.
Ausgehend von den Erkenntnissen dieses Kapitels erfolgt anschließend der Vergleich mit der Protestbewegung in der BRD. Auch hier werden die Anfänge, Argumente und Protestformen untersucht, um die Gemeinsamkeiten und Unterschiede der Bewegungen in den beiden Ländern herauszuarbeiten.

Der Schluss der Arbeit wird versuchen, die zentrale Frage abschließend zu beantworten: Vereinte die Ablehnung des Vietnamkriegs eine gesamte Generation von Jugendlichen?

Wesentliche Sekundärquellen, die als Grundlage für die vorliegende Arbeit verwendet wurden, sind die Standardwerke *Geschichte des Vietnamkriegs, Die Tragödie in Asien und das Ende des amerikanischen Traums* von Marc Frey und *Geschichte der amerikanischen Außenpolitik* von Stephan Bierling, sowie unterschiedliche Werke zum Thema *1968* der Autoren Mark Kurlansky, Norbert Frei und Ingrid Gilcher-Holtey. Wertvolle Erkenntnisse lieferten außerdem die Ausgabe Nr. 80 des Magazins *GEO Epoche* und Studienarbeiten zu den Themen *Die Zusammensetzung der Protestbewegung gegen den Krieg in Vietnam* von Karl Kovacs, *Die Rolle der Medien in den USA während des Vietnamkriegs* von Wolfgang Krumm, *Der Vietnamkrieg im US-amerikanischen Fernsehen* von Kerstin Tille, sowie *Die Friedensbewegung zur Zeit des Vietnamkriegs. Erfolg und Misserfolg* von Sven Stumpf.

Der Vietnamkrieg war seit den 1970er Jahren Stoff zahlreicher, vor allem englischsprachiger wissenschaftlicher und populärwissenschaftlicher Publikationen. Seit der Jahrtausendwende wurde das Interesse an der Thematik jedoch nahezu vollständig von den Ereignissen des 11. September 2001 und von den amerikanischen Kriegen in Afghanistan und dem Irak verdrängt.[1] Die 68er-Bewegung hingegen feiert anlässlich des bevorstehenden 50-jährigen Jubiläums eine regelrechte Wiedergeburt und ist derzeit Gegenstand zahlloser Neuerscheinungen.

---

[1] Vgl. Frey, Marc: Geschichte des Vietnamkriegs, Die Tragödie in Asien und das Ende des amerikanischen Traums, 10. Auflage, München 2016, S.235.

2 Jugend gegen Vietnam – Ein Krieg vereint eine Generation?

2.1 Der Vietnamkrieg

2.1.1 Kriegsverlauf

Vietnam befreite sich 1954 von der Kolonialmacht Frankreich und wurde in zwei unabhängige Staaten geteilt. Nördlich des 17. Breitengrades herrschten die nationalkommunistischen *Viet Minh*[2] unter deren Führer Ho Chi Minh, im Süden der von Amerika unterstützte Ngo Dinh Diem.[3] Schon US-Präsident Harry S. Truman hatte die französische Kolonialverwaltung im Kampf gegen die Untergrundbewegung der Viet Minh finanziell unterstützt, seit 1954 waren die USA in Vietnam verdeckt militärisch aktiv[4] und entsandten sogenannte Militärberater nach Südvietnam.[5] Ihre Außenpolitik begründete die US-Regierung mit der von Eisenhower 1954 formulierten *Dominotheorie*. Nach dieser werde ohne fortgesetzte Hilfe der USA ein Land nach dem anderen dem Kommunismus in die Hände fallen und dessen Siegeszug in Südostasien wäre nicht mehr zu verhindern.[6] Präsident John F. Kennedy erhöhte die Zahl der Militärberater von anfangs 685 auf 16.732 und unterstützte so Diem im Kampf gegen die nordvietnamesische Nationale Volksbefreiungsarmee NLF (im allgemeinen Sprachgebrauch *Vietcong* genannt), einer kommunistischen Rebellenorganisation.[7]

Als am 4. August 1964 der US-Zerstörer *Maddox* am Golf von Tonkin einem nordvietnamesischen Angriff zum Opfer fiel, beschlossen Präsident Lyndon B. Johnson und der US-Kongress die offene militärische Intervention der USA in Vietnam.[8] Seit 1965 führte Amerika einen flächendeckenden Bombenkrieg gegen Nordvietnam unter dem Namen *Operation Rolling Thunder,* wodurch sich Amerika immer tiefer in die Auseinandersetzung verstrickte.[9] Gleichzeitig begann die amerikanische Armee mit dem Einsatz von Napalm- und Splitterbomben sowie des toxischen Entlaubungsmittels Agent Orange.[10] Vietnam wurde zum Schauplatz eines Stellvertreterkriegs[11] inmitten des Kalten Krieges, wobei der kommunistische Norden des Landes von der Volksrepublik China und der Sowjetunion militärisch unterstützt wurde.[12]

---

[2] Vgl. Bierling, Stephan: Geschichte der amerikanischen Außenpolitik, Von 1917 bis zur Gegenwart, 3. Auflage, München 2007, S.136.
[3] Vgl. Steininger, Rolf: Dossier USA, Der Vietnamkrieg.
http://www.bpb.de/internationales/amerika/usa/10620/vietnamkrieg. (Stand: 14.08.2017).
[4] Vgl. Bierling, S.136.
[5] Vgl. Steininger, Rolf: Der Vietnamkrieg, 4. Auflage, Frankfurt am Main 2011, S.24.
[6] Vgl. Bierling, S.136.
[7] Vgl. ebd., S.137.
[8] Vgl. ebd., S.139.
[9] Vgl. ebd., S.140.
[10] Vgl. Gilcher-Holtey, Ingrid: 1968, Eine Zeitreise, 1. Auflage, Frankfurt am Main 2008, S.12.
[11] Zwei Großmächte tragen einen Konflikt in einem Drittstaat aus. Vgl. Bundeszentrale für politische Bildung (Hrsg.): Dossier Krieg in den Medien, Glossar Kalter Krieg. http://www.bpb.de/gesellschaft/medien/krieg-in-den-medien/133154/glossar?p=24. (Stand: 29.10.2017).
[12] Vgl. Kovacs, Karl: Die Zusammensetzung der Protestbewegung gegen den Krieg in Vietnam, Freiburg 2007, S.2.

Aufgrund der zunehmenden Proteste gegen den Krieg und des damit fehlenden Rückhalts in der amerikanischen Bevölkerung verzichtete Präsident Johnson 1968 auf eine zweite Kandidatur. Sein Nachfolger Richard M. Nixon versprach im Wahlkampf, den Krieg in Vietnam schnellstmöglich zu beenden.[13] Doch die Regierung weitete die Bombardierungen ab 1970 sogar auf die Nachbarstaaten Kambodscha und Laos aus.[14]

Das Ziel des Engagements in Vietnam, den Süden zu stabilisieren und somit den Vormarsch der kommunistischen Viet Minh zu verhindern, konnten die USA nicht erreichen. Präsident Nixon zog bis 1973 sukzessive Truppen aus Südvietnam ab. Mit der Einnahme Saigons durch nordvietnamesische Truppen wurde der Krieg am 30. April 1975 endgültig beendet.[15]

2.1.2 Bilanz

Der Vietnamkrieg bedeutete die erste militärische Niederlage in der Geschichte der USA und endete als Trauma für die gesamte Nation.[16] Vietnam wurde 1975 als kommunistisches Land wiedervereint, auch die Nachbarstaaten Kambodscha und Laos wurden bald darauf kommunistisch.[17]

2,7 Mio. Amerikaner waren während der Kriegsjahre als Soldaten in Vietnam stationiert, davon waren 1,6 Mio. im Kampfeinsatz.[18] Zum Höhepunkt des Konflikts Ende 1968 befanden sich 549.000 amerikanische Soldaten in Vietnam.[19] Der Krieg forderte insgesamt 58.135 Tote auf Seiten Amerikas, 304.704 Amerikaner wurden verletzt und Hunderttausende traumatisiert. Auf südvietnamesischer Seite verloren rund eine Million Soldaten und zwei Millionen Zivilisten ihr Leben, über Nordvietnam gibt es nach wie vor keine konkreten Zahlen, man geht aber von mindestens genauso vielen Opfern aus.[20]

Der Begriff *Vietnam-Syndrom* verweist bis heute auf den nationalen Zustand des Schocks und der Ohnmacht, den die Niederlage auslöste.[21] Weltweit führte der Krieg zu einem Ansehensverlust der Vereinigten Staaten.[22]

---

[13] Vgl. Steininger, Der Vietnamkrieg, S.36f.
[14] Vgl. Kovacs, S.2.
[15] Vgl. ebd.
[16] Vgl. Steininger, Der Vietnamkrieg, S.3.
[17] Vgl. ebd., S.58.
[18] Vgl. ebd., S.60.
[19] Vgl. ebd., S.107.
[20] Vgl. ebd., S.3f.
[21] Vgl. Klein, Lars: Größter Erfolg und schwerstes Trauma: die folgenreiche Idee, Journalisten hätten den Vietnamkrieg beendet, in: Daniel, Ute (Hrsg.): Augenzeugen, Kriegsberichterstattung vom 18. zum 21. Jahrhundert, Göttingen 2006, S.208.
[22] Vgl. Frey, S.231.

2.2 Die öffentliche Meinung zum Vietnamkrieg

2.2.1 Mediale Berichterstattung und Meinungsumfragen

Der Vietnamkrieg wird häufig als „Krieg im Wohnzimmer"[23] bezeichnet, denn er war Amerikas erste militärische Auseinandersetzung, deren Entwicklung direkt über das Fernsehen mitverfolgt werden konnte.[24] Das Fernsehen war *das* aufstrebende Leitmedium der Zeit. 1960 besaßen bereits 89% der Amerikaner mindestens ein Fernsehgerät.[25] 1964 wurde außerdem in Amerika[26], und 1967 in der Bundesrepublik Deutschland das Farbfernsehen eingeführt[27], was die Berichte noch realer wirken ließ.

Die Kriegsberichterstattung erzeugte anfangs den Eindruck eines sauberen Krieges für Freiheit und Demokratie.[28] Je länger jedoch der Konflikt – entgegen Johnsons anfänglichem Versprechen, ihn schnell zu Gunsten Amerikas zu beenden – andauerte, desto kritischer wurde die mediale Berichterstattung und es mehrten sich die Stimmen, die einen Rückzug Amerikas aus Vietnam forderten.[29] Dazu trug unter anderem bei, dass seit 1965 wöchentlich die Zahl der amerikanischen Gefallenen im Fernsehen vermeldet wurde.[30]

Das Meinungsforschungsinstitut Gallup[31] führte im September 1965 erstmals Umfragen zum Vietnamkrieg durch. Regelmäßig wurde der Bevölkerung die Frage gestellt: „In view of developements since we entered the fighting in Vietnam, do you think the U.S. made a mistake sending troops to fight in Vietnam?"[32] Die Antworten[33] der Amerikaner zeigten eine klare Tendenz:

Zeitpunkt	Ja-Antworten	Nein-Antworten
August 1965	24%	61%
September 1966	35%	48%
Oktober 1967	46%	44%
September 1968	54%	37%
September 1969	58%	32%
Januar 1971	59%	31%

Die Umfragen demonstrieren anschaulich, wie sich die Zustimmung eines Großteils der Amerikaner kontinuierlich in Ablehnung umkehrte. Weltweit wurde das amerikanische Engagement in Vietnam

---

[23] Krumm, Wolfgang: Die Rolle der Medien in den USA während des Vietnamkriegs, Stuttgart 2002, S.10.
[24] Vgl. Frey, S.151.
[25] Vgl. Tille, Kerstin: Der Vietnamkrieg im US-amerikanischen Fernsehen, Siegen 2000, S.3.
[26] Vgl. Klüver, Reymer: Die gespaltene Nation, in: GEO Epoche, Heft 80, 2016, S.99.
[27] Vgl. Bundeszentrale für politische Bildung (Hrsg.): Vom Schwarzweiß- zum Farbfernsehen.
http://www.bpb.de/143470/vom-schwarzweiss-zum-farbfernsehen. (Stand: 29.10.2017).
[28] Vgl. Frey, S.151.
[29] Vgl. Krumm, S.7.
[30] Vgl. ebd., S.12.
[31] Gallup gilt bis heute als wichtigstes Barometer für die Meinungsentwicklung in den USA. Vgl. Kovacs, S.3.
[32] Saad, Lydia: Gallup Vault: Hawks vs. Doves on Vietnam.
http://www.gallup.com/vault/191828/gallup-vault-hawks-doves-vietnam.aspx (Stand: 01.09.2017).
[33] Vgl. ebd.

von einer wachsenden Flut von Kriegsgegnern scharf kritisiert.[34] In der Bundesrepublik Deutschland sprach sich bereits 1966 die Mehrheit der Bürger gegen das Eingreifen Amerikas in Vietnam aus.[35]

2.2.2 Die Tet-Offensive und das Massaker von My Lai

Einen entscheidenden Wendepunkt erreichte der Vietnamkrieg am 30. Januar 1968 im Zuge der so-genannten *Tet-Offensive*.[36] In einem groß angelegten Überraschungsangriff attackierten 80.000 nordvietnamesische Truppen und Guerillakämpfer des Vietcong mehr als hundert südvietnamesische Städte. Obwohl die Attacke für Nordvietnam nicht den gewünschten militärischen Durchbruch brach-te und mehr als die Hälfte der Angreifer ums Leben kamen[37], war sie aus Sicht der Kommunisten ein „Medienerfolg"[38]. Tagelang bestimmten Bilder von US-Streitkräften in Panik oder im Todeskampf die Fernsehberichterstattung.[39] Das Magazin *Time* druckte eine mehrseitige farbige Bilderstrecke ab, die tote US-Soldaten zeigte.[40]

 Besonders das nebenstehende von einem amerikani-schen Kriegsjournalisten aufgenommene Foto[41], das die Erschießung eines Vietcong durch einen südvietnamesi-schen Polizeichef zeigt, erhielt weltweit Resonanz und gilt bis heute als berühmtestes Bild der Tet-Offensive. Es zeigt exemplarisch die Verrohung und die exzessive Gewalt, die den Krieg in seiner öffentlichen Wahrneh-mung immer mehr dominierten.[42]

Ein großer Teil der amerikanischen Bevölkerung, die die Ereignisse mit Schock verfolgte, verlor schlagartig den Glauben an einen Sieg und die Offensive unterminierte die Glaubwürdigkeit Lyndon B. Johnsons.[43] Die Ereignisse veränderten die Berichterstattung der Medien dauerhaft und die Bei-träge über den Krieg wurden zunehmend von skeptischen Tönen dominiert.[44]

Zusätzlichen Auftrieb erhielt die weltweite Antikriegsstimmung im November 1969 durch die Veröf-fentlichung von Informationen über das sogenannte Massaker von My Lai, einem grausamen Kriegs-verbrechen. Am 16. März 1968 sollte eine Einheit amerikanischer GIs das südvietnamesische Dorf My

---

[34] Vgl. Kovacs, S.2.
[35] Vgl. Frey, S.184.
[36] Namensgebend war das vietnamesische Neujahrsfest Tet. Vgl. Frey, S.165.
[37] Vgl. Bierling, S.143.
[38] Kurlansky, 1968, Das Jahr, das die Welt veränderte, 2. Auflage, Köln 2005, S.70.
[39] Vgl. ebd.
[40] Vgl. ebd., S.74.
[41] Abbildung aus: https://www.worldpressphoto.org/sites/default/files/styles/large/public/1968001.jpg?itok=kHc_rNTS. (Stand: 24.09.2017).
[42] Vgl. Klein, S.208.
[43] Vgl. Frey, S.166.
[44] Vgl. Klüver, S.99.

Lai nach Guerillas des Vietcong durchsuchen.[45] Die amerikanischen Soldaten, frustriert aufgrund der negativen Erfahrungen der Tet-Offensive, vergewaltigten zahlreiche Frauen und ermordeten alle 200 Dorfbewohner[46], darunter Frauen, Kinder und Alte.[47]

2.3 Die Protestbewegung gegen den Vietnamkrieg in den USA

2.3.1 Erstarken der Bewegung

Die amerikanische Protestbewegung gegen den Vietnamkrieg war eine zutiefst heterogene Massenbewegung.[48] Im Wesentlichen verband sie bereits bestehende Friedensbewegungen, wie die SANE-Bewegung, die seit 1957 atomare Abrüstung forderte[49], mit einer jungen Protestgeneration[50], auf die im Folgenden das Augenmerk gerichtet wird.

Die von Anfang an lautesten Gegner des Krieges waren Studenten, die eine Einberufung befürchteten und seit 1966 tatsächlich in großer Zahl einberufen wurden. [51] Vor allem die Organisation *Students for a Democratic Society*, kurz SDS, die sich 1960 formiert hatte, war von Beginn an das zentrale Organ der studentischen Opposition gegen den Vietnamkrieg und die wichtigste Anlaufstelle für jugendliche Kriegsgegner.[52] Der SDS identifizierte sich als Teil einer *Neuen Linken* (*New Left*) und sah sich als „Motor sozialer Erneuerung"[53]. Mit dem Kriegseintritt Amerikas stiegen die Mitgliederzahlen der Vereinigung rapide an.[54]

Es war die kinderreiche Nachkriegsgeneration der sogenannten *Baby Boomers,* die zur Zeit des Vietnamkriegs gerade ins Studentenalter kam. Im Jahr 1970 betrug die Zahl der Amerikaner zwischen 18 und 24 Jahren fast 25 Millionen, von denen ein Drittel zum Zeitpunkt des Vietnamkriegs an einem College oder einer Universität studierte.[55] Diese demografische Entwicklung, wachsender Wohlstand und eine regelrechte Explosion des Bildungswesens beförderten das Erstarken unterschiedlicher Jugendkulturen sowie den Generationenkonflikt zwischen Jugendlichen und ihren Eltern. Millionen von Jugendlichen begannen, Wertesysteme und Geisteshaltungen ihrer Elterngeneration kritisch zu hinterfragen[56] und auch den Kalten Krieg sowie die ideologische Auseinandersetzung mit dem Kommunismus mit anderen Augen zu sehen.[57]

---

[45] Vgl. Rademacher, Cay: Entfesselte Gewalt, in: GEO Epoche, Heft 80, 2016, S.100.
[46] Andere Quellen gehen von bis zu 500 getöteten Zivilisten aus.
[47] Vgl. Frey, S.164.
[48] Vgl. Kovacs, S.6.
[49] Vgl. ebd., S.4.
[50] Vgl. Klimke, Martin: 1968 als transnationales Ereignis. http://www.bpb.de/apuz/31321/1968-als-transnationales-ereignis?p=all. (Stand: 15.08.2017).
[51] Vgl. Gilcher-Holtey, 1968, S.13.
[52] Vgl. Frey, S.152.
[53] Ebd., S.153.
[54] Vgl. Kovacs, S.4.
[55] Vgl. Frey, S.152.
[56] Vgl. ebd.
[57] Vgl. ebd., S.154.

Am 17. April 1965 rief der SDS in Washington die erste größere Demonstration gegen den Vietnam-krieg ins Leben, an der zwischen 15.000 und 25.000 Menschen teilnahmen.[58] Fast 400.000 Menschen protestierten zwei Jahre später in New York auf der bis dahin größten Demonstration in der Geschichte der Stadt.[59]

Unter Richard M. Nixon erreichten die Proteste ihren Höhepunkt.[60] Am sogenannten *Vietnam-Moratorium*, der größten Kundgebung in der US-Geschichte, nahmen am 15. Oktober 1969[61] mehr als zwei Millionen Menschen im gesamten Land teil.[62] Zwei Tage nach Bekanntwerden des Massakers von My Lai[63] im November 1969 gingen eine halbe Million Menschen in Washington auf die Straße.[64] Als Nixon im Frühjahr 1970 die Ausweitung des Krieges auf Kambodscha verkündete, legte ein Studentenstreik 500 Colleges und Universitäten zeitweise lahm.[65] Zum Ende der 60er Jahre hatten rund 20 Prozent aller amerikanischen Studenten an mindestens einer Antikriegsdemonstration teilgenommen.[66] Die Zahl der Protestaktionen ging daraufhin mit dem 1971 begonnenen Truppenabzug aus Vietnam bis zum Kriegsende immer mehr zurück.[67]

Da die Demonstrationen die Kriegsführung der USA nicht eindämmen konnten, verschärfte der SDS ab 1967 seine Strategie unter dem Motto „Von Protest zu Widerstand"[68]. Teile der Anhänger der New Left begannen, den Krieg nicht nur als falsche Politik, sondern als Ausdruck des defekten kapitalistischen Systems zu betrachten und tendierten mit fortschreitender Kriegsdauer verstärkt zu gewaltsamen Widerstandsaktionen[69], was zu einer „Fragmentierung zwischen Liberalen und Radikalen innerhalb der Bewegung"[70] führte. Die Strömungen waren sich zunehmend uneins über den geforderten Weg zur Beendigung des Krieges. Während radikale Jugendliche einen sofortigen Abzug der US-Truppen aus Vietnam forderten, sahen die liberalen Kräfte in Verhandlungen den richtigen Weg, Frieden in Vietnam herbeizuführen.[71]

Der Krieg wurde überwiegend von jungen Männern der unteren Schichten ausgetragen, denn wer über entsprechende finanzielle Mittel verfügte, konnte sich durch ein Studium dem Kriegsdienst ent-

---

[58] Vgl. Wells, Tom (1999): The Anti-War Movement in the United States. http://www.english.illinois.edu/maps/vietnam/antiwar.html. (Stand: 15.08.2017).
[59] Vgl. Frey, S.155.
[60] Vgl. Wells.
[61] Vgl. Kovacs, S.13.
[62] Vgl. BBC (Hrsg.): 1969: Millions March in US Vietnam Moratorium. http://news.bbc.co.uk/onthisday/hi/dates/stories/october/15/newsid_2533000/2533131.stm. (Stand: 14.08.2017).
[63] Vgl. 2.2.2
[64] Vgl. Klüver, S.103.
[65] Vgl. Wells.
[66] Vgl. Stumpf, Sven: Die Friedensbewegung zur Zeit des Vietnamkriegs. Erfolg und Misserfolg, Mainz 2006, S.5.
[67] Vgl. Wells.
[68] Kovacs, S.11.
[69] Vgl. ebd.
[70] Ebd., S.12.
[71] Vgl. ebd.

ziehen.[72] Dennoch herrschte unter jungen Menschen der Arbeiter-und Unterschichten im Gegensatz zu den Studenten eine eher schweigende Antikriegsstimmung.[73] Der Einfluss dieser „schweigenden Mehrheit"[74] ist jedoch nicht zu vernachlässigen, denn diese konnte durch ständig durchgeführte Meinungsumfragen[75] passiv Einfluss auf die Regierung ausüben.[76]

2.3.2 Argumente der Kriegsgegner

Lyndon B. Johnson begründete am 7. April 1965 in einer Rede vor der John Hopkins University in Baltimore das Eingreifen der USA in Vietnam wie folgt:

> „Our objective is the independence of South Viet-Nam, and its freedom from attack. We want nothing for ourselves - only that the people in South Viet-Nam be allowed to guide their own country in their own way."[77]

Johnson betonte die hehren Absichten der USA mit dem Ziel der Verteidigung demokratisch-freiheitlicher Werte und des Selbstbestimmungsrechts des südvietnamesischen Volkes. Der Großteil der amerikanischen Studentenschaft hielt dies jedoch für einen Vorwand. In ihren Augen hatte sich Amerika schlicht ohne Recht in einen fremden Bürgerkrieg eingemischt.[78] Die Ideale der amerikanischen Verfassung sahen sie durch einen Vernichtungskrieg an einem fremden Volk keinesfalls verteidigt, sondern wurden in ihren Augen durch den Krieg „verhöhnt"[79].

Die Empörung junger Amerikaner war in erster Linie moralischer Natur.[80] Besonders in der Kriegsführung der Regierung unter Einsatz von Napalm und Massenbombardements sahen viele einen Völkermord.[81] Mark Greenside, zur Zeit des Vietnamkriegs Student der University of Wisconsin, geht in der Dokumentation *Two days in October 1967* so weit, die Grausamkeit der chemischen Kriegsführung der USA in Vietnam mit dem Einsatz von Giftgas während des Holocaust zu vergleichen:

> "It [Napalm] has a complete reference to the zyklon gas, the gas used in concentration camps. It felt like chemical warfare at its worst."[82]

---

[72] Vgl. Steininger, Der Vietnamkrieg, S.61.
[73] Vgl. Frey, S.158.
[74] Stumpf, S.3.
[75] Vgl. 2.2.1
[76] Vgl. Stumpf, S.3.
[77] ThisNation (Hrsg.): „Peace Without Conquest", Lyndon Johnson, Address at John Hopkins University, 7 April 1965. http://www.thisnation.com/library/1965vietnam.html. (Stand: 01.10.2017).
[78] Vgl. Frey, S.154.
[79] Gilcher-Holtey, 1968, S.13.
[80] Vgl. Frey, S.154.
[81] Vgl. Gilcher-Holtey, 1968, S.12.
[82] Resistance and Revolution, The Anti-Vientam War Movement at the University of Michigan, 1965-1972 (Hrsg.): DOW Chemical.
http://michiganintheworld.history.lsa.umich.edu/antivietnamwar/exhibits/show/exhibit/military_and_the_university/dow_chemical. (Stand: 01.10.2017).

Zum Inbegriff des Bösen wurde insbesondere der Konzern *Dow Chemical* erklärt, der das von Amerika gegen nordvietnamesische Soldaten und auch gegen die Zivilbevölkerung eingesetzte Napalm[83], sowie das Pflanzengift Agent Orange herstellte.[84] Ein großer Teil der Antikriegsfront wandte sich solidarisch gegen Dow Chemical. So zielten beispielsweise 27 von 71 Demonstrationen an Colleges im Oktober und November 1967 explizit auf den Konzern.[85]

Scharf kritisiert wurde außerdem die Einberufungspolitik der US-Regierung. Die Angst vor der eigenen Einberufung oder der von Familienmitgliedern oder Freunden brachte tausende junger Männer auf die Straße.[86]

Insbesondere stieß ein 1966 von Präsident Lyndon B. Johnson vorgestelltes Programm zur Rekrutierung und Einberufung von Soldaten unter dem Namen *Project 100.000* auf Widerstand.[87] Es trug entscheidend dazu bei, dass die Zahl der amerikanischen Soldaten in Vietnam von 1965 bis Ende 1967 von 23.300 auf 465.600 erhöht wurde. Um diese Zahl zu erreichen, wurden die Standards für die Einberufung stark gesenkt, sodass vor allem viele schlecht ausgebildete junge Männer der unteren Schichten für den Kampfeinsatz nach Vietnam berufen wurden.[88] Die Kritik wurde zusätzlich durch den Umstand verschärft, dass die enormen Kriegsausgaben zu starken Einschnitten im amerikanischen Armutsprogramm führten.[89]

Project 100.000 wies darüber hinaus in den Augen vieler „starke Diskriminierungsmerkmale auf"[90]. Als tiefe Ungerechtigkeit wurde die deutlich überproportionale Einberufung dunkelhäutiger Amerikaner angesehen. Von 246.000 Männern, die zwischen Oktober 1966 und Juni 1969 rekrutiert wurden, waren 41% Dunkelhäutige, während deren Anteil an der amerikanischen Gesamtbevölkerung gerade einmal 11% betrug.[91] Es herrschte unter farbigen jungen Männern tiefe Frustration darüber, dass sie in Vietnam für Demokratie und Freiheit kämpfen und sterben sollten, während ihnen in der amerikanischen Heimat diese Rechte versagt wurden.[92] Diesem Zustand ist es geschuldet, dass sich mit der Zeit immer mehr Mitglieder der schwarzen Bürgerrechtsbewegung, die die Diskriminierung Farbiger in Amerika bekämpfte, der Antikriegsbewegung anschlossen.[93]

---

[83] Napalm ist ein Gemisch aus Benzin und Verdickungsmitteln, das sich am Ziel festklebt und unter großer Hitzeentwicklung verbrennt. Vgl. Kurlansky, S.27.
[84] Agent Orange diente der Entlaubung von Waldgebieten im vietnamesischen Dschungel und war für gesundheitliche Schäden und Todesfälle tausender vietnamesischer, aber auch amerikanischer Soldaten verantwortlich. Vgl. Stumpf, S.10.
[85] Vgl. Kurlansky, S.27.
[86] Vgl. Kovacs, S.8.
[87] Vgl. Maycock, James: The Within War. https://www.theguardian.com/theguardian/2001/sep/15/weekend7.weekend3. (Stand: 07.10.2017).
[88] Vgl. ebd.
[89] Vgl. Stumpf, S.13.
[90] Kovacs, S.7.
[91] Vgl. Maycock.
[92] Vgl. Kovacs, S.13.
[93] Vgl. ebd., S.7.

2.3.3 Ausdrucksformen des Protests

Neben Demonstrationen schuf der SDS mit den sogenannten *Teach-Ins* eine neue Form des politischen Diskurses, die sich schnell an Universitäten und Colleges verbreitete. Die Teach-Ins brachen mit dem frontalen Stil klassischer Lehrveranstaltungen und gaben sowohl Studenten als auch Professoren Raum für lebhafte Debatten.[94] Am 15. Mai 1965 wurden bereits an 122 Colleges gleichzeitig Teach-Ins veranstaltet.[95] Sie waren im Wesentlichen politische Veranstaltungen, jedoch wurden „nicht nur Informationen ausgetauscht, sondern auch Marihuana geraucht, Musik gehört und Gemeinschaft lustvoll erfahren"[96].

Nicht nur in diesem Kontext verwischten die Grenzen zwischen politischem Protest und zunächst unpolitisch wirkenden Aktionen. Anhänger der sogenannten *Gegenkultur (Counterculture)* äußerten auf Musikfestivals, im Drogenkonsum, in der Praktizierung *freier Liebe* und in der Hinwendung zu anderen Kulturen und Religionen ihren Widerstand gegen den gesellschaftlich-politischen Status quo. Ihre Kritik richtete sich jedoch nicht nur gegen den Vietnamkrieg, sondern auch gegen beispielsweise die herrschende *Konsumkultur*, gegen Bürokratie und Leistungsdruck.[97] Protestmusiker wie Joan Baez und Bob Dylan brachten unter anderem in Antikriegsliedern die Aufbruchsstimmung der Zeit zum Ausdruck.

Allgemein war in den USA zu beobachten, dass politischer und kultureller Protest bei zunehmender Kriegsdauer immer schwerer voneinander zu trennen waren. Von der amerikanischen Mehrheitsbevölkerung wurde die Gegenkultur größtenteils negativ aufgenommen und ihre Anhänger wurden als *Hippies* diskreditiert.[98]

Zusätzlich zur Gesellschaftskritik der Hippies protestierten junge einberufene Männer zunehmend, indem sie öffentlich ihre Einberufungsbescheide *(Draft Cards)* verbrannten oder ihre Wehrpässe zurückzusandten.[99] Antikriegsplakate wie das hier abgebildete[100], das einen jungen Mann mit brennender Draft Card in der Hand zeigt, riefen zum öffentlichen Verbrennen der Einberufungsunterlagen auf. Bereits 1967 leisteten Hunderte von Kriegsdienstverweigerern auf diese provokante Weise zivilen Ungehorsam.[101] Zahlreiche junge Männer beantragten außerdem Asyl in Kanada, Frankreich oder Schweden, um dem Einsatz in Vietnam zu entkommen.[102]

---

[94] Vgl. Gilcher-Holtey, 1968, S.13.
[95] Vgl. ebd.
[96] Frei, Norbert: 1968, Jugendrevolte und globaler Protest, 3. Auflage, München 2008, S.50.
[97] Vgl. Frey, S.156.
[98] Vgl. Barringer, Mark: The Anti-War Movement in the United States.
http://www.english.illinois.edu/maps/vietnam/antiwar.html. (Stand:15.08.2017).
[99] Vgl. Stumpf, S.11.
[100] Abbildung aus: https://antiwarposterproject.wordpress.com/2014/01/26/fuck-the-draft/. (Stand: 07.10.2017).
[101] Vgl. Frey, S.155.
[102] Vgl. Kurlansky, S.72.

Der Kongress reagierte mit einem Gesetz, das die „Totalverweigerung"[103] des Kriegsdienstes mit fünf Jahren Haft und 10.000 Dollar Bußgeld bestrafte.[104] Der Selective Service, die für die Einberufung junger Männer zuständige Behörde, vermeldete nach Kriegsende die Zahl von insgesamt 206.000 Fällen der Kriegsdienstverweigerung.[105]

2.4 Die Protestbewegung gegen den Vietnamkrieg in der BRD

2.4.1 Erstarken der Bewegung

Auch in der Bundesrepublik Deutschland beförderten die wirtschaftliche Prosperität der Nachkriegszeit, eine hohe Geburtenrate, eine stark wachsende Zahl von Studenten und die rasante Entwicklung neuer Informationstechnologien, besonders des Fernsehens, das Entstehen einer breiten Kultur des Aufbegehrens. Vor allem der Vietnamkrieg entwickelte sich auch hier schnell zum Kristallisationspunkt jugendlichen Protests.[106]

Wie auch in Amerika waren die Initiatoren des Protests vor allem Studenten. Der Sozialistische Deutsche Studentenbund, kurz SDS, trug die gleichen Initialen wie seine amerikanischen Gleichgesinnten und sah sich als deutsche Version der *New Left*.[107] Die Vereinigung „stand von Anfang an für eine radikaldemokratische, antikapitalistische, antiimperialistische und sozialistische Politik ein"[108] und erfuhr in den 1960er Jahren großen Zulauf. Im Frühjahr 1968 repräsentierte der SDS 300.000 deutsche Studenten in 108 Universitäten.[109] Bereits im Jahr 1965 veranstaltete der SDS an deutschen Hochschulen erste Proteste und Teach-Ins gegen den Vietnamkrieg.[110] Berlin und hier insbesondere die 1948 gegründete Freie Universität waren von Beginn an das Zentrum des studentischen Aufbegehrens in der Bundesrepublik Deutschland.[111]

Der Protest der Studenten gegen den Vietnamkrieg vermischte sich in entscheidendem Maße mit lokalen Faktoren des Aufbegehrens, wie der Frage nach dem Umgang mit der deutschen Nazi-Vergangenheit und der Debatte um verkrustete Strukturen in Gesellschaft und Bildungswesen.[112]

---

[103] Stumpf, S.11.
[104] Vgl. ebd.
[105] Vgl. Kindig, Jessie: Vietnam War: Draft Resistance. http://depts.washington.edu/antiwar/vietnam_draft.shtml. (Stand: 11.09.2017).
[106] Vgl. Klimke.
[107] Vgl. Kovacs, S.14.
[108] Ebd.
[109] Vgl. Kurlansky, S.102.
[110] Vgl. Kovacs, S.14.
[111] Vgl. Kurlansky. S.173.
[112] Vgl. Frey, S.184f.

Jedoch stellte die Auseinandersetzung mit dem Vietnamkrieg zunehmend andere politische Streit-themen der Zeit in den Hintergrund.[113]

Die erste größere Demonstration gegen den Vietnamkrieg in der Bundesrepublik fand am 6. Februar 1966 statt. 2.500 Menschen zogen über den Kurfürstendamm und bewarfen das Amerikahaus am Bahnhof Zoo mit Eiern.[114]

Mit der Tet-Offensive[115] nahm die Schärfe der Proteste zusätzlich zu[116], und Vietnam wurde auch unter westdeutschen Studenten „zum Katalysator einer stetig wachsenden Militanz"[117]. Parallel zu den Protesten in den USA ließ sich auch in Westdeutschland eine Radikalisierung der Studenten be-obachten. Im Dezember 1966 kam es erstmals zu Straßenschlachten zwischen Studenten der Freien Universität und der Polizei.[118] Gleichzeitig verhärteten sich die Parolen der Kriegsgegner: „Aus ‚Friede für Vietnam' wurde ‚Amis raus aus Vietnam', dann ‚Waffen für den Vietcong' und schließlich ‚Sieg im Volkskrieg'"[119].

Neben den Studenten protestierten auch in der BRD eine Reihe anderer Gruppierungen und Organi-sationen gegen den Vietnamkrieg. Die pazifistische Bewegung *Kampagne für Abrüstung*, die seit 1960 Friedensmärsche gegen Atomwaffen organisierte, konnte 1968 300.000 Menschen in mehreren Städten für sogenannte Ostermärsche mobilisieren. Im Zentrum der Demonstrationen stand die For-derung nach atomarer Abrüstung, aber auch die Ablehnung des Krieges in Vietnam.[120] Anders als die häufig radikalen Studenten konzentrierten sich die Teilnehmer an den Ostermärschen in ihren Forde-rungen auf ein möglichst schnelles Kriegsende und den Abzug von US-Truppen aus Vietnam.[121]

2.4.2 Argumente der Kriegsgegner

Deutsche Jugendliche waren bis dahin mit einem durchweg positiven Bild von Amerika aufgewach-sen, das sie als Heimatland der Demokratie und der Massenkultur, als Land der Befreier vom Natio-nalsozialismus und „der unbegrenzten Möglichkeiten"[122] regelrecht verehrten. Der Vietnamkrieg veränderte jedoch das Amerikabild westdeutscher Jugendlicher schlagartig[123] und führte zu einer

---

[113] Vgl. Frei, S. 106.
[114] Vgl. ebd., S.108.
[115] Vgl. 2.2.2
[116] Vgl. Jowanowitsch/Rapp.
[117] Koenen, Gerd/Veiel, Andres: 1968, Bildspur eines Jahres, Köln o. J., S.80.
[118] Vgl. Kurlansky, S.173.
[119] Koenen/Veiel, S.17.
[120] Vgl. NDR (Hrsg.): Drei Tage unterwegs: Die ersten Ostermärsche.
http://www.ndr.de/kultur/geschichte/chronologie/Peace-Die-Anfaenge-der-Ostermarschbewegung,ostermarsch2.html.
(Stand: 08.10.17).
[121] Vgl. Kovacs, S.16.
[122] Deppisch, Sven: Angriff auf den „Westen", Antiamerikanismus und Antiwestlertum in Deutschland. http://www.gsi.uni-muenchen.de/forschung/forsch_zentr/voegelin/publikationen/studierendensymposium/deppisch_angriff_auf_westen.pdf.
(Stand: 14.08.2017).
[123] Vgl. Frey, S.185.

„rasenden Entidealisierung"[124] der USA. Der Schriftsteller Friedrich Christian Delius, der damals Germanistik studierte, erinnerte sich später:

> *„Diese Enttäuschung, dass die ja von uns bewunderten Amerikaner sich da in einen Krieg begeben, der sozusagen den eigenen Prinzipien auch völlig widersprach. Und das hat uns aufgewühlt und aufgeregt, so wie es ja auch Hunderttausende von amerikanischen Studenten in der Zeit aufgeregt hat und aufgewühlt hat."[125]*

Der Vietnamkrieg sorgte unter westdeutschen Studenten für große Enttäuschung und untergrub die Autorität der USA als moralische Weltmacht. Denn wie ihre amerikanischen Gleichgesinnten betrachteten westdeutsche Studenten den Krieg in Vietnam nicht als Bürgerkrieg zwischen dem Norden und Süden Vietnams, sondern hielten das Eingreifen der USA für eine illegitime Aggression der USA.[126] Die US-Kriegsführung unter Einsatz von Napalm und Agent Orange beschädigte das Image Amerikas in Deutschland nachhaltig[127] und die bisherige Bewunderung für Amerika wich einer „dämonisierten Vorstellung vom aggressiven US-Imperialismus"[128].

Im Gegensatz zum Großteil der amerikanischen Kriegsgegner forderten westdeutsche Studenten nicht in erster Linie den Abzug amerikanischen Truppen aus Vietnam, sondern wünschten sich einen Sieg des Vietcong und damit die Niederlage des vermeintlichen amerikanischen Kolonialismus.[129]

Für die Studenten der Neuen Linken war der Vietnamkrieg auch hierzulande Sinnbild eines unmenschlichen kapitalistischen Systems, das „unter dem Deckmantel der Freiheit das Selbstbestimmungsrecht fremder Völker mit Füßen trete und sich selbst pervertierte"[130].

Auch in der BRD wurde die Methodik der US-Kriegsführung in Vietnam mit Gräueltaten des Nationalsozialismus verglichen[131] und fand Ausdruck in Ausrufen wie „USA-SA-SS"[132].

Neben der Politik der US-Regierung kritisierten deutsche Studenten aber auch die eigene Regierung für ihre unterstützende Haltung zum amerikanischen Engagement in Vietnam.[133] Bundeskanzler Ludwig Erhard erklärte anlässlich eines Besuchs in Washington am 20./21. Dezember 1965, „dass die Bundesregierung die amerikanische Vietnampolitik moralisch unterstütze und ihr Ziel, die Abwehr des Kommunismus, als eine Politik im deutschen Interesse betrachte"[134]. Aber auch führende Sozialdemokraten wie Willy Brandt oder Fritz Erler befürworteten den Krieg von Anfang an. Westdeutsch-

---

[124] Koenen/Veiel, S.9.
[125] Jowanowitsch/Rapp.
[126] Vgl. Kovacs, S.15.
[127] Vgl. Deppisch.
[128] Frey, S.185.
[129] Vgl. Kurlansky, S.178.
[130] Frey, S.185.
[131] Vgl. Deppisch.
[132] Ebd.
[133] Vgl. Kovacs, S.14.
[134] Gilcher-Holtey, Ingrid: Die 68er Bewegung, 4. Auflage, München 2008, S.37f.

land war in der Tat Südvietnams wichtigster nicht militärisch involvierter Unterstützer und überwies jährlich umgerechnet 7,5 Millionen Dollar nach Saigon.[135] Zur wachsenden Empörung trug in besonderem Maße auch die Tatsache bei, dass sich die Bundesregierung nicht zu amerikanischen Kriegsverbrechen, wie dem in Massaker von My Lai[136], äußerte.[137]

2.4.3 Ausdrucksformen des Protests

Der deutsche SDS beschäftigte sich von Anfang an intensiv mit dem Thema des Vietnamkriegs und organisierte ab dem Sommersemester 1964 Podiumsdiskussionen, Filmveranstaltungen und Presseschauen zur Aufklärung über den Krieg.[138] Ein *Arbeitskreis Südvietnam* des SDS untersuchte Südvietnam als „Beispiel einer von Kolonialismus und Imperialismus unterdrückten Gesellschaft"[139].

In ihren Protestformen orientierten sich westdeutsche Studenten häufig an denen der amerikanischen Jugendlichen: Es fanden *Teach-Ins* statt, Rock- und Protestmusik diente auch der westdeutschen Opposition als Ausdrucksmittel.[140] Andererseits fanden durch den Vietnamkrieg erstarkende antiamerikanische Stereotypen Ausdruck in teilweise gewaltsamen Ausschreitungen gegen amerikanische Einrichtungen, wie Konsulate, Amerikahäuser und Niederlassungen von *American Express*.[141]

Am 17. Februar 1968 zeigte sich in Berlin eindrucksvoll die fortschreitende Internationalisierung des Protests gegen den Vietnamkrieg. Auf dem Höhepunkt der Tet-Offensive, als der Vietnamkrieg die mediale Berichterstattung dominierte, rief der SDS ein internationales Treffen unterschiedlicher Jugend- und Studentenbewegungen ins Leben.[142] Etwa 5.000 Menschen nahmen am *Internationalen Vietnamkongress* an der Freien Universität teil, darunter 44 Delegationen aus 14 Ländern.[143] In ihren Vorträgen und Reden betonten die Studentenführer die Notwendigkeit der Unterstützung des Vietcong und verglichen den Widerstand des vietnamesischen Volkes gegenüber Amerika mit dem „Kampf der Europäer um die Überwindung des Klassensystems"[144].

Am Tag nach dem Kongress marschierten 15.000 Demonstranten durch Westberlin.[145] Sie erklommen zwei Baukräne und hissten dort metergroße Flaggen des Vietcong.[146] Mit dem Ausruf „Ho, Ho, Ho Chi Minh"[147] demonstrierten die Jugendlichen dem nordvietnamesischen Präsidenten, dem Vietcong und dem vietnamesischen Volk, das mit der Tet-Offensive bewiesen hat, einer Weltmacht die

---

[135] Vgl. Frey, S.183f.
[136] Vgl. 2.1.2
[137] Vgl. Deppisch.
[138] Vgl. Bergmann, Uwe: Das Vietnam-Semester 1965/66. http://www.infopartisan.net/archive/1967/266707.html. (Stand: 14.08.2017).
[139] Gilcher-Holtey, Die 68er Bewegung, S.37.
[140] Vgl. Frey, S.185.
[141] Vgl. ebd.
[142] Vgl. Kurlansky, S.175.
[143] Vgl. Kovacs, S.14.
[144] Kurlansky, S.177.
[145] Vgl. Gilcher-Holtey, 1968, S.26.
[146] Vgl. Kurlansy, S.178.
[147] Gilcher-Holtey, 1968, S.23.

3 Die Antikriegsbewegung - eine vieldimensionale Massenbewegung

Vereinte die Ablehnung gegen den Vietnamkrieg eine gesamte Generation von Jugendlichen, oder beschränkte sich der Protest auf einzelne soziale Schichten oder Gruppen? War der Krieg tatsächlich *das* zentrale Motiv einer globalen Jugendrevolte oder nur eines von vielen politischen Streitthemen der Zeit?

Das Aufbegehren gegen den Vietnamkrieg fällt in den Kontext des globalen Protests der 68er-Bewegung, einer Massenbewegung, die „weltweit eine Fülle von Zielen, die bei weitem nicht immer deckungsgleich waren"[148], verband. Vielerorts wurde sie von einer heute kaum noch vorstellbaren Aufbruchsstimmung getragen, die eine friedlichere und sozialere Welt ohne Kapitalismus, Imperialismus und Rassismus für möglich hielt und vehement forderte. Gemeinsam war jedoch vielen der zahlreichen Bewegungen, über soziokulturelle und nationale Unterschiede sowie lokale Protestfaktoren hinweg, die tiefe Ablehnung gegen den Vietnamkrieg. Er ließ sich als gemeinsamer „Katalysator"[149] für weltweiten Protest und als „zentrales Movens und Motiv"[150] des Aufbegehrens der Jugend beobachten. Mark Kurlansky schreibt:

> *„In den meisten Ländern war der Widerstand gegen den [Vietnam-]Krieg nicht nur ein wichtiges, sondern auch das einzige Anliegen das alle Gruppierungen vereinte."[151]*

Die Protestbewegung der 1960er und frühen 1970er Jahre war heterogen, verfolgte unterschiedliche Ziele und war deswegen auch „oft untereinander zerstritten"[152]. Der Vietnamkrieg war jedoch der *kleinste gemeinsame Nenner* des Aufbegehrens, auf den sich unterschiedliche Gruppierungen einigen konnten und schuf so, wie das obenstehende Zitat belegt, eine entscheidende Klammer zwischen den Strömungen.

Sowohl in den USA als auch in der Bundesrepublik waren die Studenten Keimzelle und wesentliches Element einer rasant wachsenden Antikriegsfront. Die größten und medienwirksamsten Proteste gingen häufig auf linksorientierte Studentenorganisationen zurück. Zwischen den Studentenbewegungen beider Länder lassen sich dabei zahlreiche Parallelen feststellen: In den USA und in der BRD nahmen studentische Verbände, die als selbsterklärte Neue Linke eine ähnliche Weltanschauung vertraten, *die* wesentliche Rolle in der Organisation und Mobilisierung von Protesten ein. Häufig führte der Krieg, wie das Beispiel des Internationalen Vietnamkongress zeigt, zu einer länderüber-

---

[148] Klimke.
[149] Koenen/Veiel, S.80.
[150] Frei, S.56.
[151] Kurlansky, S.175.
[152] Kovacs, S.13.

greifenden Solidarisierung der Studentenorganisationen untereinander. Auch ließ sich in beiden Ländern mit zunehmender Kriegsdauer eine Radikalisierung der Proteste beobachten.

Der Protest gegen den Vietnamkrieg lässt sich aber keineswegs auf Studentenkreise reduzieren, sondern bezog vor allem in Amerika unterschiedliche soziale Gruppen mit ein. So zeigten beispielsweise die Hippiekultur oder der Widerstand der schwarzen Bürgerrechtsbewegung die Mannigfaltigkeit dieser breiten Bewegung. Auffallend war jedoch, dass es überwiegend Angehörige bildungsnaher Schichten waren, die gegen den Krieg auf die Straße gingen, obwohl diese von der direkten Bedrohung der Einberufung vergleichsweise seltener betroffen waren.

In der Bundesrepublik Deutschland machten neben dem SDS vor allem pazifistische Gruppierungen einen wesentlichen Teil der Antikriegsbewegung aus. In Amerika omnipräsente Kritikpunkte wie die fragwürdigen Einberufungsmethoden und die Rassenproblematik fehlten in der BRD natürlich. Und obwohl sich viele Deutsche mit Kritik an Amerika, dem ehemaligen Befreier vom Nationalsozialismus, zurückhielten, waren ausgehend von den Ereignissen des Vietnamkriegs auch in der BRD „immer mehr Menschen [...] nicht mehr von der moralischen Integrität der USA überzeugt"[153].

Wie der Hauptteil dieser Arbeit zeigt, unterschieden sich die Kriegsgegner teilweise stark hinsichtlich der von ihnen formulierten Ziele und der Radikalität ihrer Proteste. Marc Frey betont sogar, dass es missverständlich sei, von *einer* Antikriegsbewegung zu sprechen.[154] Sie war eine heterogene, vieldimensionale Massenbewegung, ein „kulturelles und politisches Phänomen, eine gesellschaftliche Strömung, die viele Bewegungen vereinte"[155]. Denn die Jugend zur Zeit des Vietnamkriegs gehörte einer Generation an, die sich unterschiedlich ausgerichteten Geisteshaltungen, Weltanschauungen und Lebensformen zuwandte, aber in sehr vielen Fällen dennoch durch eines vereint war: Die Überzeugung von der Unrechtmäßigkeit und Unmenschlichkeit des amerikanischen Engagements in Vietnam.

---

[153] Ebd.
[154] Vgl. Frey, S.154.
[155] Ebd.

4 Quellen- und Literaturverzeichnis

Bücher

BIERLING, Stephan: Geschichte der amerikanischen Außenpolitik, Von 1917 bis zur Gegenwart, 3. Auflage, München 2007.

DANIEL, Ute (Hrsg.): Augenzeugen, Kriegsberichterstattung vom 18. zum 21. Jahrhundert, Göttingen 2006.

FREI, Norbert: 1968, Jugendrevolte und globaler Protest, 3. Auflage, München 2008.

FREY, Marc: Geschichte des Vietnamkriegs, Die Tragödie in Asien und das Ende des amerikanischen Traums, 10. Auflage, München 2016.

GILCHER-HOLTEY, Ingrid: 1968, Eine Zeitreise, 1. Auflage, Frankfurt am Main 2008.

GILCHER-HOLTEY, Ingrid: Die 68er Bewegung, 4. Auflage, München 2008.

KOENEN, Gerd/ VEIEL, Andres: 1968, Bildspur eines Jahres, Köln o. J.

KOVACS, Karl: Die Zusammensetzung der Protestbewegung gegen den Krieg in Vietnam, Freiburg 2007.

KRUMM, Wolfgang: Die Rolle der Medien in den USA während des Vietnamkriegs, Stuttgart 2002.

KURLANSKY, 1968, Das Jahr, das die Welt veränderte, 2. Auflage, Köln 2005.

STEININGER, Rolf: Der Vietnamkrieg, 4. Auflage, Frankfurt am Main 2011.

STUMPF, Sven: Die Friedensbewegung zur Zeit des Vietnamkriegs. Erfolg und Misserfolg, Mainz 2006.

TILLE, Kerstin: Der Vietnamkrieg im US-amerikanischen Fernsehen, Siegen 2000.

Aufsätze aus Zeitschriften

KLÜVER, Reymer: Die gespaltene Nation, in: GEO Epoche, Heft 80, 2016, S.94-103.

RADEMACHER, Cay: Entfesselte Gewalt, in: GEO Epoche, Heft 80, 2016, S.100f.

Internetquellen

Barringer, Mark: The Anti-War Movement in the United States. http://www.english.illinois.edu/maps/vietnam/antiwar.html. (Stand: 15.08.2017).

BBC (Hrsg.): 1969: Millions March in US Vietnam Moratorium. http://news.bbc.co.uk/onthisday/hi/dates/stories/october/15/newsid_2533000/2533131.stm. (Stand: 14.08.2017).

Bergmann, Uwe: Das Vietnam-Semester 1965/66. http://www.infopartisan.net/archive/1967/266707.html. (Stand: 14.08.2017).

Bundeszentrale für politische Bildung (Hrsg.): Dossier Krieg in den Medien, Glossar Kalter Krieg. http://www.bpb.de/gesellschaft/medien/krieg-in-den-medien/133154/glossar?p=24. (Stand: 29.10.2017).

Bundeszentrale für politische Bildung (Hrsg.): Vom Schwarzweiß- zum Farbfernsehen. http://www.bpb.de/143470/vom-schwarzweiss-zum-farbfernsehen. (Stand: 29.10.2017).

Deppisch, Sven: Angriff auf den „Westen", Antiamerikanismus und Antiwestlertum in Deutschland. http://www.gsi.uni-muen-chen.de/forschung/forsch_zentr/voegelin/publikationen/studierendensymposium/deppisch_angriff_auf_westen.pdf. (Stand: 14.08.2017).

Jowanowitsch, Käthe/Rapp, Stephanie: "Die Pflicht des Revolutionärs ist die Revolution". http://www.deutschlandfunk.de/die-pflicht-des-revolutionaers-ist-die-revolution.724.de.html?dram:article_id=99033. (Stand: 15.08.2017).

Kindig,   Jessie: Vietnam   War: Draft   Resistance.
http://depts.washington.edu/antiwar/vietnam_draft.shtml. (Stand: 11.09.2017).

Klimke, Martin: 1968 als transnationales Ereignis. http://www.bpb.de/apuz/31321/1968-als-transnationales-ereignis?p=all. (Stand: 15.08.2017).

Maycock, James: War Within War.
https://www.theguardian.com/theguardian/2001/sep/15/weekend7.weekend3. (Stand: 06.09.2017).

NDR (Hrsg.): Drei Tage unterwegs: Die ersten Ostermärsche.
http://www.ndr.de/kultur/geschichte/chronologie/Peace-Die-Anfaenge-der-Ostermarschbewegung,ostermarsch2.html. (Stand: 08.10.2017).

Resistance and Revolution, The Anti-Vientam War Movement at the University of Michigan, 1965-1972   (Hrsg.):   DOW   Chemical.
http://michiganintheworld.history.lsa.umich.edu/antivietnamwar/exhibits/show/exhibit/military_and_the_university/dow_chemical. (Stand: 01.10.2017).

Saad, Lydia: Gallup Vault: Hawks vs. Doves on Vietnam.
http://www.gallup.com/vault/191828/gallup-vault-hawks-doves-vietnam.aspx. (Stand: 01.09.2017).

Steininger,   Rolf: Dossier   USA,   Der   Vietnamkrieg.
http://www.bpb.de/internationales/amerika/usa/10620/vietnamkrieg. (Stand: 14.08.2017).

ThisNation (Hrsg.): „Peace Without Conquest", Lyndon Johnson, Address at John Hopkins University, 7 April 1965. http://www.thisnation.com/library/1965vietnam.html. (Stand: 01.10.2017).

Wells, Tom: The Anti-War Movement in the United States.
http://www.english.illinois.edu/maps/vietnam/antiwar.html. (Stand: 14.08.2017).